READ ALOUD ATHARVASHIRSHA Pocketbook

गणपत्यथर्वशीर्ष पारायणम्

Sadhvi Hemswaroopa
Ashwini Kumar Aggarwal

जय गुरुदेव

ISBN13: 978-93-92201-30-1 Paperback Edition
ISBN13: 978-93-92201-22-6 Digital Edition

Title: **Read Aloud Atharvashirsha Pocketbook**
Author: **Ashwini Kumar Aggarwal, Sadhvi Hemswaroopa**

Printed and Published by
Devotees of Sri Sri Ravi Shankar Ashram
34 Sunny Enclave, Devigarh Road,
Patiala 147001, Punjab, India

https://advaita56.weebly.com/
The Art of Living Centre

8th February 2022 Lord relieves all burden
Magha Shukla Ashtami Bharani Nakshatra Uttarayana
Vikram Samvat 2078 Ananda, Saka Era 1943 Plava
1st Edition February 2022

जय गुरुदेव

Dedication

Sri Sri Ravi Shankar

who is the obstacle remover from our lives
and bestower of Successes

Acknowledgements

Adapted from our existing title "Ganapati Atharvashirsha: Essence and Sanskrit Grammar - ISBN 9788195034871 ".

Blessing

Ganesha is the formless Divinity in a magnificent form. He is the consciousness that pervades all & brings order. Happy Ganesh Chaturthi. 1:51 PM · Sep 19, 2012 https://twitter.com/SriSri/status/248336050244689920

Only a prayerful mind can get access to the realm of Devas and realize Ganesha is all-pervading and not different from one's own self. #HappyGaneshChaturthi

Sri Sri Ravi Shankar
10:45 AM · Aug 22, 2020

Preface

Correct pronunciation of the Ganapati Atharvashirsha enhances the effect on one's nervous system. It creates healthy vibrations that align our mind, body and soul to wisdom.

For reading aloud, Avagraha **ऽ** and Visarga **ः** need special mention.

An avagraha signifies that an अ has been dropped due to sandhi rules, and hence it is a silent character. Verse 1 - Recite कर्ताऽसि as कर्तासि, हर्ताऽसि as हर्तासि, etc.

A visarga is to be pronounced aspirated ह followed by the sound of the previous vowel. नमः is chanted नमह , विश्ववेदाः is chanted विश्ववेदाहा, this rule is valid whenever a visarga is followed by a pause or a verse end.

Also, a Visarga in close proximity with another letter becomes a new letter and is pronounced accordingly. ***This is reflected in this edition by substituting that letter instead of the visarga.*** (popular editions show the visarga only).

ॐ शान्तिः शान्तिः शान्तिः ॥ is chanted as
ॐ शान्तिश् शान्तिश् शान्तिहि ॥

Visarga changes to ArdhaVisarga ᳵ in

front of क , ख , प , फ ।

ArdhaVisarga ᳵ facing क , ख is chanted **ह**

ArdhaVisarga ᳵ facing प , फ is chanted फ

Anusvara Sandhi

- तुष्टुवां सस्तनूभिः is chanted as तुष्टुवाꣳ सस्तनूभिः ।
- अथर्वशीर्षं योऽधीते is chanted as अथर्वशीर्षयँ योऽधीते

Due to Sandhi rules, spellings for reading aloud are not the same as those we find in popular editions of the Atharvashirsha.

This book is meant to be Read Aloud. It inserts hypens in long words so that we can see and pronounce correctly. Using correct rules of Paninian Grammar, and proof read by Sanskrit scholars and pundits,

This book gives all the verses as they are to be Recited.

HAPPY CHANTING!

Table of Contents

BLESSING....................5

PREFACE....................6

GANAPATI ATHARVASHIRSHA....................10

Prayer....................11

अथर्वशीर्षः....................11

फलश्रुतिः....................15

शान्तिपाठः....................17

IAST TRANSLITERATION....................18

GANESHA INVOCATION VEDIC VERSE....................26

GANESHA STOTRAM OF ADI SHANKARACHARYA....................27

GANESHA AARTI....................29

IAST TRANSLITERATION CHART....................33

VERSES FOR CHANTING WITH SVARA....................35

REFERENCES....................43

EPILOGUE....................44

Ganapati Atharvashirsha
गणपति अथर्वशीर्ष पारायणम्

Prayer

ॐ भद्रं कर्णेभिः शृणुयाम देवाः । भद्रं पश्ये माक्षभिर् यजत्राः । स्थिरैरङ्गैस् तुष्टुवाꣳ सस्तनूभिः । व्यशेम देवहितं यदायुः । स्वस्ति न इन्द्रो वृद्ध-श्रवाः । स्वस्ति नः पूषा विश्व-वेदाः । स्वस्ति नस् तार्क्ष्यो अरिष्ट-नेमिः । स्वस्ति नो बृहस्पतिर्-दधातु ॥
ॐ शान्तिश् शान्तिश् शान्तिः ॥

अथर्वशीर्षः

ॐ नमस्ते गणपतये । त्वमेव प्रत्यक्षं तत्त्वमसि ।
त्वमेव केवलं कर्ताऽसि । त्वमेव केवलं धर्ताऽसि ।
त्वमेव केवलं हर्ताऽसि । त्वमेव सर्वं खल्विदं ब्रह्मासि ।
त्वं साक्षाद् आत्माऽसि नित्यम् ॥ १ ॥

ऋतं वच्मि । सत्यं वच्मि ॥ २॥

अव त्वं माम् । अव वक्तारम् । अव श्रोतारम् । अव दातारम् । अव धातारम् । अवानूचानमव शिष्यम् । अव पश्चात्तात् । अव पुरस्तात् । अवोत्तरात्तात् । अव दक्षिणात्तात् । अव चोर्ध्वात्तात् । अवाधरात्तात् । सर्वतो मां पाहि पाहि समन्तात् ॥ ३॥

त्वं वाङ्मयस् त्वं चिन्मयः । त्वम् आनन्दमयस् त्वं ब्रह्ममयः । त्वं सच्चिदानन्दाऽद्वितीयोऽसि । त्वं प्रत्यक्षं ब्रह्मासि । त्वं ज्ञानमयो विज्ञानमयोऽसि ॥ ४॥

सर्वं जगदिदं त्वत्तो जायते । सर्वं जगदिदं त्वत्तस् तिष्ठति । सर्वं जगदिदं त्वयि लयमेष्यति । सर्वं जगदिदं त्वयि प्रत्येति । त्वं भूमिरापोऽनलोऽनिलो नभः । त्वं चत्वारि वाक् पदानि ॥ ५॥

त्वं गुण-त्रयातीतः । त्वं अवस्था-त्रयातीतः । त्वं देह-त्रयातीतः । त्वं काल-त्रयातीतः । त्वं मूलाधार-स्थितोऽसि नित्यम् । त्वं शक्ति-त्रयात्मकः । त्वां योगिनो ध्यायन्ति नित्यम् । त्वं ब्रह्मा त्वं विष्णुस् त्वं रुद्रस् त्वम् इन्द्रस् त्वम् अग्निस् त्वं वायुस् त्वं सूर्यस् त्वं चन्द्रमास् त्वं ब्रह्म भूर्भुवस् सुवरोम् ॥ ६ ॥

गणादिं पूर्वमुच्चार्य वर्णादीं स्तदनन्तरम् । अनुस्वारᳶ परतरः । अर्धेन्दुलसितम् । तारेण ऋद्धम् । एतत् तव मनुस्व-रूपम् । गकारᳶ पूर्व-रूपम् । अकारो मध्यम-रूपम् । अनुस्वारश् चान्त्य-रूपम् । बिन्दुरुत्तर-रूपम् । नादस् सन्धानम् । सꣳहिता सन्धिः । सैषा गणेश-विद्या । गणक ऋषिः । निचृद् गायत्री-च्छन्दः । श्री महा-गणपतिर् देवता । ॐ गं गणपतये नमः ॥ ७॥

This is the written spelling. However as per Sandhi rules of Sanskrit grammar, the sound spelling becomes

ॐ गङ् गणपतये नमः ॥

om̩ gañ gaṇapataye namaḥ.

एक-दन्ताय विद्महे वक्र-तुण्डाय धीमहि । तन्नो दन्तिः प्रचोदयात् ॥ ८॥

एक-दन्तं चतुर् हस्तं पाशमङ्कुश-धारिणम् । रदं च वरदं हस्तैर् बिभ्राणं मूषक-ध्वजम् । रक्तं लम्बोदरं शूर्प-कर्णकं रक्त-वाससम् । रक्त-गन्धानुलिप्ताङ्गं रक्त-पुष्पैः सुपूजितम् । भक्तानु-कम्पिनं देवं जगत् कारणमच्युतम् । आविर् भूतं च सृष्ट्यादौ प्रकृतेः पुरुषात् परम् । एवं ध्यायति यो नित्यं स योगी योगिनां वरः ॥ ९॥

नमो व्रात-पतये । नमो गण-पतये । नमः प्रमथ-पतये । नमस्तेऽस्तु लम्बोदरायैक-दन्ताय विघ्न-नाशिने शिव-सुताय श्री-वरद-मूर्तये नमः ॥ १० ॥

फलश्रुतिः

These verses list the various benefits that accrue, depending on usage and practice.

एतद् अथर्वशीर्षयँ योऽधीते स ब्रह्म-भूयाय कल्पते । स सर्व-विघ्नैर् न बाध्यते । स सर्वत्र सुखमेधते । स पञ्च-महा-पापात् प्रमुच्यते । सायम् अधीयानो दिवस-कृतं पापं नाशयति । प्रातर् अधीयानो रात्रि-कृतं पापं नाशयति । सायं प्रातः प्रयुञ्जानो पापोऽपापो भवति । सर्वत्राधीयानोऽप-विघ्नो भवति । धर्मार्थ-काम-मोक्षं च विन्दति । इदम् अथर्वशीर्षम् अशिष्याय न देयम् । यो यदि मोहाद् दास्यति स पापीयान् भवति ।

सहस्रावर्तनाद्यं यं कामम् अधीते तं तम् अनेन साधयेत्

॥ ११॥

Now verses that explain some rituals and practices are mentioned.

अनेन गणपतिम् अभिषिञ्चति स वाग्मी भवति ।

चतुर्थ्याम् अनश्नन् जपति स विद्यावान् भवति ।

इत्यथर्वण-वाक्यम् । ब्रह्माद्यावरणं विद्यान् न बिभेति

कदाचनेति ॥ १२॥

यो दूर्वाङ्कुरैर् यजति स वैश्रवणोपमो भवति । यो लाजैर्

यजति स यशोवान् भवति । स मेधावान् भवति । यो

मोदक-सहस्रेण यजति स वाञ्छित-फलम् अवाप्नोति

। यः साज्य समिद्भिर् यजति स सर्वं लभते स सर्वं

लभते ॥ १३॥

अष्टौ ब्राह्मणान् सम्यग् ग्राहयित्वा सूर्य-वर्चस्वी भवति ।
सूर्य-ग्रहे महा-नद्यां प्रतिमा-सन्निधौ वा जप्त्वा सिद्ध-मन्त्रो भवति । महा-विघ्नात् प्रमुच्यते । महा-दोषात् प्रमुच्यते। महा-प्रत्यवायात् प्रमुच्यते । स सर्वविद् भवति स सर्वविद् भवति । य एवं वेद । इत्युपनिषत् ॥ १४॥

शान्तिपाठः

ॐ भद्रं कर्णेभिः श्रृणुयाम देवाः। भद्रं पश्येमाक्षभिर्यजत्राः। स्थिरैरङ्गैस् तुष्टुवाꣳ सस्तनूभिः। व्यशेम देवहितयँ यदायुः। स्वस्ति न इन्द्रो-वृद्धश्रवाः। स्वस्ति नꣳ पूषा विश्व-वेदाः। स्वस्ति नस् तार्क्ष्यो अरिष्ट-नेमिः। स्वस्ति नो बृहस्पतिर् दधातु॥

ॐ शान्तिश् शान्तिश् शान्तिः ॥

IAST Transliteration

oṃ bhadraṃ karṇebhiḥ śṛṇuyāma devāḥ ǀ
bhadraṃ paśye mākṣabhir yajatrāḥ ǀ
sthirairaṅgais tuṣṭuvā(guṃ) sastanūbhiḥ ǀ
vyaśema devahitaṃ yadāyuḥ ǀ svasti na
indro vṛddhaśravāḥ ǀ svasti na pūṣā
viśvavedāḥ ǀ svasti nastārkṣyo ariṣṭanemiḥ
ǀ svasti no bṛhaspatirdadhātu ǁ
oṃ śānti śānti śāntiḥ ǁ

oṃ namaste gaṇapataye ǀ tvameva
pratyakṣaṃ tattvamasi ǀ tvameva
kevalaṃ kartā'si ǀ tvameva kevalaṃ
dhartā'si ǀ tvameva kevalaṃ hartā'si ǀ
tvameva sarvaṃ khalvidaṃ brahmāsi ǀ
tvaṃ sākṣād ātmā'si nityam ǁ 1 ǁ

ṛtaṃ vacmi ǀ satyaṃ vacmi ǁ 2 ǁ
ava tvaṃ mām ǀ ava vaktāram ǀ ava

śrotāram । ava dātāram । ava dhātāram । avānūcānamava śiṣyam । ava paścāttāt । ava purastāt । avottarāttāt । ava dakṣiṇāttāt । ava cordhvāttāt । avādharāttāt । sarvato māṃ pāhi pāhi samantāt ॥ 3 ॥

tvaṃ vāṅmayas tvaṃ cinmayaḥ । tvam ānandamayas tvaṃ brahmamayaḥ । tvaṃ saccidānandā'dvitīyo'si । tvaṃ pratyakṣaṃ brahmāsi । tvaṃ jñānamayo vijñānamayo'si ॥ 4 ॥

sarvaṃ jagadidaṃ tvatto jāyate । sarvaṃ jagadidaṃ tvattas tiṣṭhati । sarvaṃ jagadidaṃ tvayi layameṣyati। sarvaṃ jagadidaṃ tvayi pratyeti । tvaṃ bhūmirāpo'nalo'nilo nabhaḥ । tvaṃ catvāri vākpadāni || 5 ||

tvaṃ guṇatrayātītaḥ | tvam avasthātrayātītaḥ | tvaṃ dehatrayātītaḥ | tvaṃ kālatrayātītaḥ | tvaṃ mūlādhārasthito'si nityam | tvaṃ śaktitrayātmakaḥ | tvāṃ yogino dhyāyanti nityam | tvaṃ brahmā tvaṃ viṣṇus tvaṃ rudras tvaṃ indras tvaṃ agnis tvaṃ vāyus tvaṃ sūryas tvaṃ caṃdramās tvaṃ brahma bhūrbhuvas suvarom || 6 ||

gaṇādiṃ pūrvamuccārya varṇādīṃ stadanantaram | anusvāra parataraḥ | ardhendulasitam | tāreṇa ṛddham | etat tava manusvarūpam | gakāra pūrvarūpam | akāro madhyamarūpam | anusvāraścāntyarūpam | binduruttararūpam | nādas sandhānam |

sa(guṃ)hitā sandhiḥ I saiṣā gaṇeśavidyā I
gaṇaka ṛṣiḥ I nicṛd gāyatrīcchandaḥ I śrī
mahāgaṇapatir devatā I oṃ gaṃ
gaṇapataye namaḥ II 7 II

ekadantāya vidmahe vakratuṇḍāya
dhīmahi I tanno dantiḥ pracodayāt II 8 II

ekadantaṃ catur hastaṃ pāśam
aṅkuśadhāriṇam I radaṃ ca vardaṃ
hastair vibhrāṇaṃ mūṣakadhvajam I
raktaṃ lambodaraṃ śūrpakarṇakaṃ
raktavāsasam I raktagandhānuliptāṅgaṃ
raktapuṣpaiḥ supūjitam I
bhaktānukampinaṃ devaṃ jagat kāraṇam
acyutam I āvirbhūtaṃ ca sṛṣṭyādau
prakṛte puruṣātparam I evaṁ dhyāyati yo
nityaṃ sa yogī yogināṃ varaḥ II 9 II
namo vrātapataye I namo gaṇapataye I

nama pramathapataye I namaste astu lambodarāyaikadantāya vighnanāśine śivasutāya śrīvaradamūrtaye namo namaḥ II 10 II

<u>phalaśrutiḥ</u>

etad atharvaśīrṣaṃ yo'dhīte sa brahmabhūyāya kalpate I sa sarvavighnair na bādhyate I sa sarvatra sukhamedhate I sa pañcamahāpāpāt pramucyate I sāyam adhīyāno divasakṛtaṃ pāpaṃ nāśayati I prātar adhīyāno rātrikṛtaṃ pāpaṃ nāśayati I sāyaṃ prāta prayuñjāno pāpo'pāpo bhavati I sarvatrādhīyāno'pavighno bhavati I dharmārthakāmamokṣaṁ ca vindati I idam atharvaśīrṣam aśiṣyāya na deyam I yo yadi mohād dāsyati sa pāpīyān bhavati I sahasrāvartanād yaṃ

yaṃ kāmamadhīte taṃ tamanena sādhayet II 11 II

anena gaṇapatimhiṣiñcati sa vāgmī bhavati I caturthyāman aśnan japati sa vidyāvān bhavati I ityatharvaṇavākyam I brahmādyāvaraṇaṃ vidyān na bibheti kadāneti II 12 II

yo dūrvāṅkurair yajati sa vaiśravaṇopamo bhavati I yo lājair yajati sa yaśovān bhavati I sa medhāvān bhavati I yo modakasahasreṇa yajati sa vāñchitaphalam avāpnoti I yaḥ sājya samihir yajati sa sarvaṃ labhate sa sarvaṃ labhate II 13 II

aṣṭau brāhmaṇān samyag grāhayitvā sūryavarcasvī bhavati I sūryagrahe mahānadyāṃ pratimāsannidhau vā japtvā siddhamantro bhavati I mahāvighnāt pramucyate I mahādoṣāt pramucyate I mahāpāpāt pramucyate I mahāpratyavāyāt pramucyate I sa sarvavid bhavati sa sarva-vid bhavati I ya evaṃ veda I ityupaniṣat II 14 II

<u>śāntipāṭhaḥ</u>

oṃ bhadraṃ karṇebhiḥ śṛṇuyāma devāḥ I bhadraṃ paśye mākṣabhir yajatrāḥ I sthirairaṅgais tuṣṭuvā(guṃ) sastanūbhiḥ I vyaśema devahitaṃ yadāyuḥ I svasti na indro vṛddhaśravāḥ I svasti na pūṣā viśvavedāḥ I svasti nastārkṣyo ariṣṭanemiḥ I svasti no bṛhaspatirdadhātu II
oṃ śānti śānti śāntiḥ II

Ganesha Invocation Vedic Verse

ॐ गणानां॑ त्वा गणपतिꣳ हवामहे कविं कवीनाम्
उपमश्रवस्तमम् । ज्येष्ठराजं ब्रह्मणां ब्रह्मणस्पत आ न॑ः
शृण्वन्नूतिभि॑ः सीद सादनम् ॥

oṃ gaṇānāṃ tvā gaṇapatiṃ havāmahe
kaviṃ kavīnām upamaśravastamam ।
jyeṣṭharājaṃ brahmaṇāṃ brahmaṇaspata
ā naḥ śṛṇvannūtibhiḥ sīda sādanam ॥

(chanted in Krishna Yajurveda Rudram)

Ganesha Stotram of Adi Shankaracharya

अजं निर्विकल्पं निराकारमेकं , निरानन्दमानन्दम् अद्वैतपूर्णं । परं निर्गुणं निर्विशेषं निरीहं , परब्रह्मरूपं गणेशं भजेम ॥

गुणातीतमानं चिदानन्दरूपं , चिदाभासकं सर्वगं ध्यानगम्यं । मुनिध्येयम् आकाशरूपं परेशं , परब्रह्मरूपं गणेशं भजेम ॥

जगत्कारणं कारणज्ञानरूपं , सुरादिं सुखादिं गुणेशं गणेशं । जगद्व्यापिनं विश्ववन्द्यं सुरेशं , परब्रह्मरूपं गणेशं भजेम ॥

ajaṃ nirvikalpaṃ nirākārамekaṃ ,
nirānandamānandam advaitapūrṇaṃ I
paraṃ nirguṇaṃ nirviśeṣaṃ nirīhaṃ ,
parabrahmarūpaṃ gaṇeśaṃ bhajema II
guṇātītamānaṃ cidānandarūpaṃ ,
cidābhāsakaṃ sarvagaṃ dhyānagamyaṃ I
munidhyeyam ākāśarūpaṃ pareśaṃ ,
parabrahmarūpaṃ gaṇeśaṃ bhajema II
jagatkāraṇaṃ kāraṇajñānarūpaṃ ,
surādiṃ sukhādiṃ guṇeśaṃ gaṇeśaṃ I
jagadvyāpinaṃ viśvavandyaṃ sureśaṃ ,
parabrahmarūpaṃ gaṇeśaṃ bhajema II

Sung by Bhanu Didi

https://www.youtube.com/watch?v=2rA2YMX-4L0

Hindi Discourse by Sri Sri Ravi Shankar
https://www.youtube.com/watch?v=jqRlCCrYEPw

Ganesha Aarti

जय गणेश जय गणेश जय गणेश देवा ।
माता जाकी पार्वती पिता महादेवा ॥

एकदन्त दयावन्त चार भुजाधारी । मस्तक सिन्दूर सोहे मूसे की सवारी ॥ अंधन को आँख देत कोढ़िन को काया । बाँझन को पुत्र देत निर्धन को माया ॥ हार चढ़े फूल चढ़े और चढ़े मेवा । लड्डुअन का भोग लगे सन्त करें सेवा ॥ दीनन की लाज राखो शम्भु सुत वारी । कामना को पूरा करो जग बलिहारी ॥

जय गणेश जय गणेश जय गणेश देवा ।
माता जाकी पार्वती पिता महादेवा ॥

jay gaṇesh jay gaṇesh jay gaṇesh devā ।
mātā jākī pārvatī pitā mahādevā ॥

ekadant dayāvant cār bhujādhārī ।
mastak sindūr sohe mūse kī savārī ॥
andhan ko ānkh det koḍhin ko kāyā ।
bānjhan ko putra det nirdhan ko māyā ॥
hār caḍhe phūl caḍhe aur caḍhe mevā ।
laḍḍuan kā bhog lage sant karen sevā ॥
dīnan kī lāj rākho śambhu sut vārī ।
kāmanā ko pūrā karo jag balihārī ॥

jay gaṇesh jay gaṇesh jay gaṇesh devā ।
mātā jākī pārvatī pitā mahādevā ॥

Ganesha Aarti श्री गणपतीची आरती

सुखकर्ता दुःखहर्ता वार्ता विघ्नाची । नुरवी पुरवी प्रेम कृपा जयाची । सर्वांगी सुन्दर उटि शेंदुराची । कण्ठी झळके माळ मुक्ताफळांची ॥ जय देव जय देव जय मंगलमूर्ति । दर्शनमात्रे मनकामना पुरती ॥

रत्नखचित फरा तुज गौरीकुमरा । चन्दनाची उटि कुंकुमकेशरा । हिरे जड़ित मुकुट शोभतो बरा । रुणझुणती नूपुरे चरणी घागरिया ॥ जय देव जय देव जय मंगलमूर्ति । दर्शनमात्रे मनकामना पुरती ॥

लम्बोदर पीताम्बर फणिवर बन्धना। सरळ सोण्ड वक्रतुण्ड त्रिनयना । दास रामाचा वाट पाहे सदना । संकटी पावावे निर्वाणी-रक्षावे सुरवर वन्दना ॥ जय देव जय देव जय मंगलमूर्ति । दर्शनमात्रे मनकामना पुरती ॥

https://www.youtube.com/watch?v=x3eVLuHDdfM
https://www.youtube.com/watch?v=w0W8Wh-8UCg

sukhkartā dukhhartā vārtā vighnācī I
nurvī purvī prem kṛpā jayācī I sarvāngī
sundar uṭi śendurācī I kaṇṭhī jhalake māl
muktāphalāncī II jay dev jay dev jay
mangalmūrti I darśanmātre mankāmanā
purtī II ratnakhacita pharā tuja
gaurīkumarā I candanācī uṭi
kuṃkumakeśarā I hire jaḍit mukuṭ
śobhato barā I ruṇjhuṇatī nūpure caraṇī
ghāgariyā II jay dev jay dev jay
mangalmūrti I darśanmātre mankāmanā
purtī II lambodar pītāmbar phaṇivar
bandhanā I saral soṇḍa vakratuṇḍ
trinayanā I dāsa rāmācā vāṭ pāhe sadanā I
sankaṭī pāvāve nirvāṇī-rakṣāve suravar
vandanā II jay dev jay dev jay mangalmūrti
I darśanmātre mankāmanā purtī II

IAST Transliteration Chart

a	ā	i	ī	u	ū	ṛ	ṝ	ḷ
अ	आ	इ	ई	उ	ऊ	ऋ	ॠ	ऌ
e	ai	o	au	ṃ		ḥ	Ardha Visarga	oṃ
ए	ऐ	ओ	औ	ं	ँ	ः	ᳲ	ॐ

Consonants with vowel 'a = अ' for uttering

ka क	kha ख	ga ग	gha घ	ṅa ङ
ca च	cha छ	ja ज	jha झ	ña ञ
ṭa ट	ṭha ठ	ḍa ड	ḍha ढ	ṇa ण
ta त	tha थ	da द	dha ध	na न
pa प	pha फ	ba ब	bha भ	ma म
ya य	ra र	la ल	va व	
śa श	ṣa ष	sa स	ha ह	

ka = क्अ = क Consonant only "k = क्"	' ऽ avagraha	ḷa ळ vedic

The symbol ꣳ is pronounced as गुं guṃ. It is an ayogavaha अयोगवाह sound seen in Vedic literature due to anusvara Sandhi.

Verses for Chanting with Svara

Accents used in Sanskrit verses increase the power and flow of the mantras during chanting.

Anudatta _ अनुदात्तः = signifies base pitch.

Udatta उदात्तः = unmarked, standard pitch.

Svarita स्वरितः = high pitch.

Dirgha Svarita दीर्घस्वरितः = high to low to normal.

https://www.youtube.com/watch?v=7nIZcKM-BiM

https://www.youtube.com/watch?v=uFuFwXC0xA8

(play onwards from 1:30minutes)

ॐ भद्रं कर्णेभिः शृणुयाम देवाः । भद्रं पश्ये
माक्षभिर् यजत्राः । स्थिरैरङ्गैस् तुष्टुवाꣳ
सस्तनूभिः । व्यशेम देवहितं यदायुः । स्वस्ति
न इन्द्रो वृद्धश्रवाः । स्वस्ति नः पूषा विश्ववेदाः
। स्वस्ति नस्तार्क्ष्यो अरिष्टनेमिः । स्वस्ति नो
बृहस्पतिर्दधातु ॥ ॐ शान्तिः शान्तिः शान्तिः ॥

ॐ नमस्ते गणपतये । त्वमेव प्रत्यक्षं तत्त्वमसि
। त्वमेव केवलं कर्ताऽसि । त्वमेव केवलं
धर्ताऽसि । त्वमेव केवलं हर्ताऽसि । त्वमेव सर्वं
खल्विदं ब्रह्मासि । त्वं साक्षाद् आत्माऽसि
नित्यम् ॥ १ ॥

ऋतं वच्मि । सत्यं वच्मि ॥ २ ॥

अव त्वं माम् । अव वक्तारम् । अव श्रोतारम् ।
अव दातारम् । अव धातारम् । अवानूचानमव
शिष्यम् । अव पश्चात्तात् । अव पुरस्तात् ।
अवोत्तरात्तात् । अव दक्षिणात्तात् । अव
चोर्ध्वात्तात् । अवाधरात्तात् । सर्वतो मां पाहि
पाहि समन्तात् ॥ ३ ॥

त्वं वाङ्मयस् त्वं चिन्मयः । त्वम्
आनन्दमयस् त्वं ब्रह्ममयः । त्वं
सच्चिदानन्दाऽद्वितीयोऽसि । त्वं प्रत्यक्षं ब्रह्मासि
। त्वं ज्ञानमयो विज्ञानमयोऽसि ॥ ४ ॥

सर्वं जगदिदं त्वत्तो जायते । सर्वं जगदिदं
त्वत्तस् तिष्ठति । सर्वं जगदिदं त्वयि
लयमेष्यति। सर्वं जगदिदं त्वयि प्रत्येति । त्वं

भूमिरापोऽनलोऽनिलो नभः । त्वं चत्वारि वाँक्पदानि ॥ ५॥

त्वं गुणत्रयातीतः । त्वम् अवस्थात्रयातीतः । त्वं देहत्रयातीतः । त्वं कालत्रयातीतः । त्वं मूलाधारस्थितोऽसि नित्यम् । त्वं शक्तित्रयात्मकः । त्वां योगिनो ध्यायन्ति नित्यम् । त्वं ब्रह्मा त्वं विष्णुस् त्वं रुद्रस् त्वं इन्द्रस् त्वं अग्निस् त्वं वायुस् त्वं सूर्यस् त्वं चंद्रमास् त्वं ब्रह्म भूर्भुवस् सुवरोम् ॥ ६ ॥

गणादिं पूर्वमुच्चार्य वर्णादीं स्तदनन्तरम् । अनुस्वारः परतरः । अर्धेन्दुलसितम् । तारेण ऋद्धम् । एतत् तव मनुस्वरूपम् । गकारः पूर्वरूपम् । अकारो मध्यमरूपम् । अनुस्वारश्चान्त्यरूपम् । बिन्दुरुत्तररूपम् ।

नादस् सन्धानम् । सꣳहिता सन्धिः । सैषा गणेशविद्या । गणक ऋषिः । निचृद् गायत्रीच्छन्दः । श्री महागणपतिर् देवता । ॐ गं गणपतये नमः ॥ ७॥

एकदन्ताय विद्महे वक्रतुण्डाय धीमहि । तन्नो दन्तिः प्रचोदयात् ॥ ८॥

एकदन्तं चतुर् हस्तं पाशम् अङ्कुशधारिणम् । रदं च वरदं हस्तैर् बिभ्राणं मूषकध्वजम् । रक्तं लम्बोदरं शूर्पकर्णकं रक्तवाससम् । रक्तगन्धानुलिप्ताङ्गं रक्तपुष्पैः सुपूजितम् । भक्तानुकम्पिनं देवं जगत् कारणम् अच्युतम् । आविर्भूतं च सृष्ट्यादौ प्रकृतेः पुरुषात्परम् । एवं ध्यायति यो नित्यं स योगी योगिनां वरः ॥ ९॥

नमो व्रातपतये । नमो गणपतये । नमः प्रमथपतये । नमस्ते अस्तु लम्बोदरायैकदन्ताय विघ्ननाशिने शिवसुताय श्रीवरदमूर्तये नमो नमः ॥ १० ॥

एतद् अथर्वशीर्षं योऽधीते स ब्रह्मभूयाय कल्पते । स सर्वविघ्नैर्॑ न बाध्यते । स सर्वत्र सुखमेधते । स पञ्चमहापापात् प्रमुच्यते । सायम् अधीयानो दिवसकृतं पापं नाशयति । प्रातर् अधीयानो रात्रिकृतं पापं नाशयति । सायं प्रातः प्रयुञ्जानो पापोऽपापो भवति । सर्वत्राधीयानोऽपविघ्नो भवति । धर्मार्थकाममोक्षं च विन्दति । इदम् अथर्वशीर्षम् अशिष्याय न देयम् । यो यदि मोहाद् दास्यति स पापीयान्

भवति । सहस्त्रावर्तनाद् यं यं काममधीते तं तमनेन साधयेत् ॥ ११ ॥

अनेन गणपतिमभिषिञ्चति स वाग्मी भवति।चतुर्थ्यामन् अश्नन् जपति स विद्यावान् भवति। इत्यथर्वणवाक्यम् । ब्रह्माद्यावरणं विद्यान् न बिभेति कदाचनेति ॥ १२ ॥

यो दूर्वाङ्कुरैर् यजति स वैश्रवणोपमो भवति । यो लाजैर् यजति स यशोवान् भवति । स मेधावान् भवति । यो मोदकसहस्रेण यजति स वाञ्छितफलम् अवाप्नोति । यः साज्य समिद्भिर् यजति स सर्वं लभते स सर्वं लभते ॥ १३ ॥

अष्टौ ब्राह्मणान् सम्यग् ग्राहयित्वा सूर्यवर्चस्वी भवति । सूर्यग्रहे महानद्यां प्रतिमासन्निधौ वा

जप्त्वा सिद्धमन्त्रो भवति । महाविन्घात् प्रमुच्यते । महादोषात् प्रमुच्यते । महापापात् प्रमुच्यते । महाप्रत्यवायात् प्रमुच्यते । स सर्वविद् भवति स सर्वविद् भवति । य एवं वेद । इत्युपनिषत् ॥ १४॥

ॐ भद्रं कर्णेभिः श्रृणुयाम देवाः । भद्रं पश्ये माक्षभिर् यजत्राः । स्थिरैरङ्गैस् तुष्टुवाꣳ सस्तनूभिः । व्यशेम देवहितं यदायुः । स्वस्ति न इन्द्रो वृद्धश्रवाः । स्वस्ति नः पूषा विश्ववेदाः । स्वस्ति नस्तार्क्ष्यो अरिष्टनेमिः । स्वस्ति नो बृहस्पतिर्दधातु ॥ ॐ शान्तिः शान्तिः शान्तिः ॥

References

https://www.ashtangayoga.info/philosophy/sanskrit-and-devanagari/transliteration-tool/

Singing by Lata Mangeshkar
https://www.youtube.com/watch?v=dmyL4GFae-w

Atharvashirsha Chanting- Priests of Kashi
https://www.youtube.com/watch?v=7nIZcKM-BiM

Hindi Talk on Ganapati by Sri Sri Ravi Shankar
https://www.youtube.com/watch?v=jqRlCCrYEPw

Mooladhara Drum Beats Meditation by Sri Sri
https://www.youtube.com/watch?v=Q4EekmNHD-o

Epilogue

सर्वे भवन्तु सुखिनः । सर्वे सन्तु निरामयाः ।

सर्वे भद्राणि पश्यन्तु । मा कश्चिद् दुःख भाग्भवेत् ॥

ॐ शान्तिः शान्तिः शान्तिः ॥

When faith has blossomed in life, Every
step is led by the Divine.

Sri Sri Ravi Shankar

Om Namah Shivaya

जय गुरुदेव

www.ingramcontent.com/pod-product-compliance
Lightning Source LLC
LaVergne TN
LVHW041641070526
838199LV00053B/3492
* 9 7 8 9 3 9 2 2 0 1 3 0 1 *